시간이
내게 말을쳤면

시간이 내게 말을 걸면

초판 1쇄 발행 2024년 1월 31일

지은이 신호철
펴낸이 장길수
펴낸곳 지식과감성#
출판등록 제2012-000081호

교정 이주희
디자인 서혜인
편집 서혜인
검수 이수언, 징윤솔
마케팅 김윤길, 정은혜

주소 서울시 금천구 벚꽃로298 대륭포스트타워6차 1212호
전화 070-4651-3730~4
팩스 070-4325-7006
이메일 ksbookup@naver.com
홈페이지 www.knsbookup.com

ISBN 979-11-392-1600-4 (03810)
값 11,000원

• 이 책의 판권은 지은이에게 있습니다.
• 이 책 내용의 전부 또는 일부를 재사용하려면 반드시 지은이의 서면 동의를 받아야 합니다.
• 잘못된 책은 구입하신 곳에서 바꾸어 드립니다.

지식과감성#
홈페이지 바로가기

시간이 내게 말을 걸면

신호철 시집

책 소개

    시인의 글은 기교도 화려한 수식어도 배제된 순수 담백함 자체다. 가마솥에 푹 고아 굳기름을 말끔히 걷어 낸 구수하고 속을 편하게 달래 주는 곰국 같은 맛이 난다. 때론 고해성사 같은 부모님을 향한 육골을 긁는 그리움이 묻어난다.
    어느 한 페이지도 꽃잎에 실려 바람 타고 날아갈 가벼운 언어는 없다. 소박하고 진솔한 우리네 삶이 깃들어 지혜가 빛난다. 흙길을 다독거리듯 걷는 시인의 발길 따라 한참을 걸어 나왔다. 구수한 흙 내음에 여린 풀잎 향 스며 온몸에 잠든 세포를 일깨운다.
    깊은 우물 속 파동이 그러하듯 긴 여운은 내 그림자에 실려 꽤 오랜 시간 함께 걸을 것이다. 시인의 가슴속 흐르는 맑은 샘물이 결코 마르지 않기를 기도한다. 이 시집에 담긴 글들이 멈추지 않고 흐르는 강물처럼 누군가의 가슴에 이랑을 이루어 촉촉이 젖어 들 수 있기를 바라본다.

-월영낭자 진성-

작가의 말

　처음 글을 쓸 때의 순수함과 기쁨이 세월이 지날수록 자꾸만 퇴색되어 목구멍까지 차오르는 욕심을 마주할 때면 내가 무명 시인의 삶을 사는 것보다 더 부끄러웠다. 세상에 알려지지 않은 대다수의 무명인들의 삶. 각자의 자리에서 묵묵하게 자신의 발자취로 한 권의 역사책을 쓰고 있는 사람들이 저마다 훌륭한 작가이며 예술가임을 나는 안다.
　우리 앞에 펼쳐지는 미래는 그 누구도 알 수 없지만 오늘을 사는 것은 또 지나갈 과거의 어제의 한 날로 무심히 흘러가는 것이 아니라 나이테같이 각자의 고유의 언어와 무늬로 뚜렷하게 새겨질 것을 잘 안다. 때때로 세상에서 외면받고 힘겨울 때 잠시 숨을 쉬기 위한 글쓰기가 이렇듯 세 번째 시집을 낼 수 있게 되어 스스로에게도 감사한 일이다.
　시가 무엇인지 난 여전히 잘 모르지만 짧은 글귀라도 누구나 쉽게 읽고 그곳에서 쉼표 같은 짧은 휴식과 따스함이 전달된다면 저자로서 참으로 행복할 것 같다.

2023년 12월을 보내며…

목차

책 소개　4
작가의 말　5

1부

삶의 여백의 시간

틈　12
상당산성　13
목련나무에 잠시 기댄 해　14
고드름　15
비상(飛上)　16
봄의 찬미　17
비 내음　18
뜻밖의 여행　19
어느 여름날　20
이슬　21
하얀 어둠　22
가장 뜨거운 계절에 가을 냄새가 나　23
노랑 향기　24
가을앓이　25
안부를 묻다　26
낙엽의 추억　27
도둑맞은 계절　28
어부가 되고 싶은 날　29
가을님 가시는 날　30
여명　31

2부

따스한 위로의 시간

삶의 흔적 34
마음 덥히는 일 35
하루해가 마무리되는 그때에 36
가뭄 37
동행 38
몽돌 39
아픈 위로 40
모난 돌 41
무명 시인 42
길 43
성장통 44
딸에게 전하는 말 45
낙화 46
시련에 다시 피울 꽃으로 47
삶 48
버려야 할 것들 49
부끄러워 말라 50
상실 51
잠시 빌려 온 시간이 내게 말을 걸면 52

3부

그리운 기억의 시간

사랑한다면 54
도라지꽃 55
당신의 뒷모습 56
고장 난 기억 57
엄마에게 58
연필과 지우개 59
가족사진 60
인연(因緣) 61
기억 시간에 갇혀 62
이별 63
아버지 등 그 따스함의 기억 64
호국원에서 65
푸른 바다 66
나에게 그대는 67
사월에 진 그대라는 꽃들에게 68
갈 수 있다면 69
지나 보면 70
연의 서(戀의 書) 71
텅 빈 흔적 73

4부

잠시 멈춤의 시간

풀리지 않는 의문   76
구름 울다   77
사람 드는 일   78
고목(古木)   79
고독   80
그냥   81
너와 나   82
닮아 가는 것   83
판도라 상자   84
하이힐의 그녀   85
짝사랑   86
나보다 조금 높이 서 있는 그대는   87
나의 기도   88
그분의 임재   90
선악과   92
불청객   93
그놈   94
보물찾기   95
붕어빵   96
겸손한 용기   97
삶의 감동   99

1부
삶의 여백의 시간

틈

햇살 한 줌 비춰 들어와
울적한 마음을 따뜻하게 데웁니다
아직 코끝 향기 가을인데
서리 맞은 들꽃처럼 시든 마음을
따뜻하게 어루만져 주는 겨울 문턱
햇살이 참 고맙습니다

그 햇살을 빌려 시집 한 권 펼쳐
읽으며 시인이 되어 봅니다
홀로 위로받지 못하던 마음
쉼 없이 내달리던 계절이 문턱에 걸려
잠시 주춤대듯 내어 준 틈에서
한 영혼이 따뜻한 위로를 받고 있음을 알기나 할까요
한 줌 햇살은 시가 되어
그대에게 보내는 안부 편지가 됩니다

상당산성[1]

비에 베이고 삭풍으로 깎인
수백 년의 시간 뒤로
노년의 얼굴에 핀
검버섯 같은 꽃을 피운 성벽

손을 대고 가만히 귀 기울이면
수많은 이야기를 들려줄 것 같다
몇 번일까 헤아릴 수 없이
변해 버린 강산의 뜰과
그곳에 머물었던 사람들의 숨결과 발자국
달빛 물든 성벽으로 얼룩진 여인의 눈물도

돌 위에 버짐 같은 이끼로 피어나
비(碑)에 새긴 글처럼 수백의 시간을 건너
빈 바람 두 뺨을 훑고 가는 겨울 초입에 만났다

---

1) 상당산성: 충북 청주시 소재에 있는 산성

목련나무에 잠시 기댄 해

세찬 바람이
몸에 돋은 끝자락을
시리도록 괴롭히는 겨울 어느 날

엑스레이에 투영된 뼈다귀 같은
목련나무 위로 선물 같은
겨울 햇살이 잠시 머물고 있는 중입니다
회초리 같은 매서운 바람 진자리
가지 끝에 솜털 겹겹이 숨은 봄을
총총총 매달고 있습니다

이른 새하얀 봄꿈을 꾸고 있는
겨울 목련나무에
기댄 햇살이 짧기만 합니다

고드름

달님도 졸며 게슴츠레
실눈 같은 초승달 뜨던 밤
하늘에 얼음 알갱이 흩뿌려
샛별 총총히 빛나던 밤

모두 잠들어 고요한데
처마 끝에 곡예하듯 거꾸로
매달려 흐르는 눈(雪)물에 울다 얼어
투명한 꽃 피운 너

창(窓)발을 거둬 어둠을 밀어 올린
아침햇살에 투명한 너의 속살은
눈이 시리도록 빛나고 있다
날카롭게 빛나는 송곳 같은 절규로
투명한 비명을 지르듯 얼어 있었다

비상(飛上)

정처 없이 떠돌다
물안개 핀 시린 물가에
오종종하게 서로 몸 기대어
한(漢)밤 새운 철새 무리

밝아진 햇살에 눈 녹듯
비로소 굳어 있던 몸이 스르르 깨어난다
눈바람 피해 머물 곳 없이
계절의 그림자를 쫓던 고단한 날갯짓
다시 떠오른 붉은 태양 아래
펄럭이는 깃발처럼 굳었던 날개를 펼치고
창공으로 비상할 아침을 열고 있다

봄의 찬미

껍질을 벗고 날개를 펼친 나비처럼
긴 겨울 추위를 견뎌 내고
누에고치 같은 솜털을 빼꼼히 뚫고
눈이 부시도록 하얀 손을 내밀면
순백의 하얀 나비들이
가지 끝마다 넘실대며 봄이 나풀댄다

때마침 부는 봄바람으로
봄 향기 전할 새
거드름 피우던 진달래 개나리
봄맞이 더 분주하고
이제 너도나도 다 같이 하나의 봄으로 어우러지면
나는 봄꽃에 홀려 쫓는 한 마리 나비, 벌이 된다

비 내음

그 비 때문이야
땅속 깊이 비릿한 비 내음이 배어들었다
땅에선 아지랑이
피어오르듯 비 내음을 토해 내고
초록 짙어진 산 숲에선
싱그러운 초록 내음을 내뱉고 있다

바람에 묻은 비 내음을 쫓던 길에서
한껏 늘어진 보리수 빨간 열매가
붉은 유혹으로 내게 온다
빗물 먹은 시큼한 열매를 몰래 따서
한 입 맛보면
난 기억의 뒤안길을 열고
잠시 추억으로 여행을 떠나 본다
다 그 비 때문이야

뜻밖의 여행

유혹하는 봄 꽃바람에 취해
무작정 현관문을 열고 떠난 여행
가끔씩 내비게이션이 알려 주는 길을 벗어나
낯선 길을 굽이 돌아가고
찾아간 맛집에선 영업 종료 멘트를 듣고
허기짐보다 더한 허탈한 마음에
하늘에 계신 엄마 불러 위로라도 받고 싶지만
굽이돌며 볼 수 있었던 새로운 풍경
허탈한 마음마저 달래 주는
나만의 맛집을 찾은 뜻밖의 행운
비 갠 뒤 맛본 싱그런 초록의 공기만큼
달았을 것이다

언제 그칠지 모르는 비처럼
계획대로 흘러가지 않는 우리네 인생살이
가끔 불편했고 가끔 외로웠지만
돌아갈 그 길 끝에서 그래도 좋았어
그 한마디면 족할 것 같아

어느 여름날

키다리 미루나무
오래전 비워진
까치 둥지를 품고
하얀 뭉게구름
아침 바람 속에서 눈이 부시도록
반짝이는 잎을 떨고 있다

한참이나 남은 여름을
관통하기도 전
코스모스는 성급하게
기린 목만큼이나 가느다란 줄기에
꽃대 하나 피워 뜨거운 여름
잠시 지나는 바람으로 손짓하고 있나

내가 그렇듯 너 또한
꿈틀대는 가을을
벌써 서성이며 기다리고 있구나

이슬

덧없이
잊히는 아픔일까
사라지는 설움일까
새벽마다 풀숲 적시는 눈물

눈물로
영글어 햇살 아래
반짝이듯 몸 녹이다
흔적 없이 사라지는
풀잎에 핀 진주알 같은 꽃

하얀 어둠

짙은 하얀 어둠이 몰려왔다
까만 밤처럼 모든 것이 불투명한
하얀 어둠 속에 갇혔다
가로등 불빛은 힘겹게
겨우 제 발등 위를 비추고
소리마저 삼켜 버린 하얀 어둠 속에
가끔씩 희미한 자동차 빨간 브레이크 불빛이
반딧불이처럼 살아 있음을 교신하며 깜빡인다

하얀 안개의 실타래
뿌연 머릿속에 맴도는 글귀 하나
간절히 낚아채 보고 싶어
난 하얀 어둠 속으로 스며 기고 있다

가장 뜨거운 계절에 가을 냄새가 나

저녁 해 등진 아파트
발밑에 제 몸보다 더 길쭉해진
그림자를 매달고 서 있다
길어진 그림자 길이만큼
계절이 이울고
한낮 뜨거운 햇살 속
야무지게 속살 키우고 있는
녹초록의 벼 무리
뜨거운 태양을 피해
지쳐 가는 나를 위로하듯
가을이 좀 더 가까이 손짓 중이다

노랑 향기

다가온 가을과
조금 더 내밀하게 즐기고 싶어
산책길 탱자나무 가시 위에
동그란 그리움
노랑 탱자 알을 따 왔어

가시에 찔려
미처 다 빠져나가지 못한 햇살에
아련히 피워 낸 이야기
탱자가 들려주는 노랑 향기

가을앓이

때 거른 허기진 배를 채우느라
허겁지겁 목구멍으로 밥을 밀어 넘기듯
허기진 가슴을 달래느라 가을을
통째로 우려 마시고 있습니다

짧아서 더 아쉬운 낮빛 하늘과
사그라져 애달프고 서러운 달빛으로
파스텔 톤으로 물든 꽃들의
달큰한 가을바람과
서걱서걱 발밑에 밟혀
전해 오는 가을 낙엽 소리로

우걱우걱 되새김질하며
긴 겨울나기 채비를 꾸리는 나무들처럼
빈 가슴 겹겹이 채워 달래고 있습니다

안부를 묻다

술래처럼 꼭꼭 감춰진
단어를 찾고
여문 가을 햇살 따사로움에
잘 마른 빨래 속에서
다 빠져나가지 않은 가을 햇살 거두는 것

청춘은 짧기에 눈부시듯
찰나 같은 가을 빛깔은
빛난 보석보다
더 아름다워 눈시울이 뜨겁다

그리운 사람
보고픔에 허기짐으로 다가올 때
가을바람에 피워 낸 나팔꽃, 코스모스, 구절초
꽃향기로 그대의 안부를 묻는다

낙엽의 추억

마지막 열정으로 행위예술을 하듯
변하는 계절을 오체로 화답한
나무 밑동으로
선혈같이 붉었던 낙엽이 어지럽다
속 빈 번데기같이 말린 낙엽을
밟으면 버석거리는 소리가 꿈틀대듯
신발 밑창을 뚫고 전달된다

따사로웠던 지난 봄
화사했던 봄꽃보다
바스러지는 가을 햇살 아래 익은
붉게 물들었던 낙엽
하늘을 붉게 물들이며
사그라져 가고 있는 홍시보다
더 붉은 저 태양처럼
가장 찬란한 순간이 되었다

도둑맞은 계절

뒤바뀐 계절을 앓듯
때 이른 추위에 놀란
가로수 은행나무는
노란 잎이 채 물들어 가기 전
부르르 제 몸을 떨며 서둘러
녹색 잎을 훨훨 벗고 서 있습니다

수피 같은 외투를 껴입고
길을 나선 움츠린 어깨 너머로
품속 안 온기를 붙잡으려는
사람들의 종종걸음이 바쁩니다

짧은 한 계절의 여운을 채 느끼기도 전
도둑맞은 것 같은 허탈함에 아쉬워집니다
이제 막 좋아한다는 고백을 내뱉기도 전
토라진 그녀에게 대차게 차여 얼얼한 맘을 달래고 있습니다
삶은 그렇듯 내 생각과 다른 시간을 흘러갑니다

어부가 되고 싶은 날

그 누가 고운 가실[2] 햇살
잘게 잘게 부숴 바다 위로 흩뿌려
이렇듯 눈부시게 반짝일 수 있으랴

등 푸른 바다 위로 미끄러지듯
바스러진 햇살 쏟아지면
은갈치 떼 같은 은빛 물결 가득
멀미 나도록 일렁이니

내 어부의 낡은 그물을 빌려
작은 배 한가득 은빛 물결 퍼 올려 볼까나
아니면 바다에 빠져 출렁이는 달빛을
그물로 가득 잡아 가둬 볼까나

---

2) 가을의 방언(강원, 경상, 전라, 충북)

가을님 가시는 날

찰나같이 짧아 빛난 가을에게
잘 가라는 아쉬운 인사 없이
두 계절의 모호한 경계를 나누듯이
설렘 같은 첫눈 오는 날

단풍 짙어 낙엽 되듯
멀어지는 연인의 뒷모습
잠시 머문 가을에 물들여 살게 해 줘서
충만했고 고마웠다 배웅합니다
윤회하는 계절 다시 돌아 만나면
또다시 당신으로 물들어 살겠노라 약속합니다

뜻밖에 찾아온 설렘
첫눈 오는 날
그렇게 가을은 조용히 떠나갔습니다

여명

창밖에 달라붙은
까만 어둠을 털어 내고자
블라인드를 말아 올리며
아직 잠들어 있는 밤을
흔들어 깨운다

어둠을 몰아내듯
번져 가는 여명
비명 같은 진통으로
또 하루를 열고 있다

불투명한 실루엣 같은
그림 속에 갇혀
멈춰 있던 적막한 풍경들이
깨어나듯 꿈틀대며
입체적으로 살아 움직인다

2부
따스한 위로의 시간

삶의 흔적

상처 없이 곧은 결을
갖고 싶었겠지
생채기 난 상처를 묻느라
옹이는 늘어
곁가지 자라듯 많아진 흔적

남들과 구별되는
지문 같은 너만의 예쁜 결을 가진 거야
그래서 더 특별한 모습을 갖게 된 거야

진주같이 키워진 나무옹이 테
결 따라 손끝으로 사연 읽어 본다
늘 보아도 지겹지 않은 건
네가 버리고 싶었을 옹이 그 흔적 때문이야

마음 덥히는 일

창문으로 조각 햇살 기대어 머무는 시간
삶의 스케치같이 기록된 잔잔한 일상을
담담하게 읽어 주는 사연을 들으며
그 사람의 삶을 엿보는 일

서로가 본 적은 없지만
누군가의 잔잔한 삶의 여울은
누군가의 담백한 목소리 파동에 실려
나에게 한 끼 따스한 밥상이 되었다

특별한 것도 없지만
나눌 수 있는 삶의 조각들
창문에 머문 햇살처럼
누군가 마음 덥히는 일

하루해가 마무리되는 그때에

하루해가 여며 가는 시간
해넘이 햇살은
한낮 높이 떠 있던 태양빛을 구부려
바람으로 하늘거리는
하얗게 핀 억새꽃의 머리를
쓰다듬는 부드러운 손길이 되었다
고단한 삶의 긴 그림자를 앞세우고
집으로 돌아가는 농부의 등을 어루만지는
따스한 위로의 말이 되었다

하루를 밝혔던 뜨겁던 태양이
가장 섧고도 고운 빛을 토해 내며 하루를 여며 가듯
나와 그대의 삶이 닫히는 그때에 또한 그러하여야 하리

가뭄

타는 목마름에
감춰진 새하얀 속살을
부끄럽게 내보였다

깊게 감춰 놓은
애써 기억조차 묻어 두고 싶은
부서질 듯 연약한 나를
마주 보게 했다

목마른 가뭄에
이제는 기억에서 잊었다고
장담하던 나를 비웃듯
연약한 나의 쓴 뿌리를 보이고 말았다

동행

가로등 불빛 아래 터벅터벅 걷는
나보다 더 어깨가 내려앉은 너를 보았다
아무 말 없이 걷는 너의 모습
왜 그런지 외롭게 보이는
길쭉해진 모습의 너
넌 나란히 내 보폭에 맞춰 걷고 있었지

문득 혼자라고 느껴질 때
그때도 넌
오늘처럼 조용히 내 눈앞에 나타나 주겠지
하나가 둘이 되어 걷는 동안
난 조금 덜 외로웠던 것 같아

몽돌

좌르르~ 하얀 포말 펼쳐
밀려드는 파도 따라
달그락달그락 몽돌은
동그란 몸 부대끼며 울음 운다
외로운 돌멩이 하나
혼자라서 소리 내어 울 수 없고

성근 어깨 부딪치며
서로 멍이 지는 소리
달그락~ 달그락~
밤이 지나도록 그치지 않는다
상처 난 자리 더 짙은 향기 배듯
서로 빚은 몽돌 더 동그랗게 닮았다

아픈 위로

살면서 누구나 겪게 되는 아픔들
상처로 해지고 이별에 아프고
좌절에 힘들고 혼자라 외로울 때

우리에게 진정 위로가 되는 건
힘내 널 응원해라는 식상한 말보다
내가 가진 아픔을 들어 주며
같이 울어 줄 수 있는 사람
내가 가진 아픔의 크기보다
더 큰 아픔을 가진 사람이 전하는 위로는
누구나 아는 귀에 좋은 말보다 더 큰 위로가 돼

살다 보니
아픔 없이 상처 없이 산 사람은 없더라
누구나 가진 아픈 옹이들
넌 또 다른 아픔으로 위로받을 수 있어
그리고 네 아픔은 누군가에게 따뜻한 위로가 돼

모난 돌

원초의 모습대로
깎이지 않으려 발버둥 쳤던
수많은 시간들

시간에 구르고
사람으로 쪼일 때
아픈 만큼 다듬어진 거야
질긴 곱창 같은 말을 곱씹었지

솜뭉치 같은 보드라운 말 속에
숨겨진 날카로운 발톱처럼
모난 돌은 자꾸만 뾰족하게 자라나니

언제쯤 시간에 구르고 사람으로 쪼여
집 모퉁이 돌이 될 수 있을까

무명 시인

버려지고 숨겨진 단어를 찾아
구슬을 꿰듯 언어를 엮어
때론 윤이 나도록 닦고
혼자만의 흐뭇한 미소를 짓는 일

시인은 그렇게 몇 푼짜리
영혼의 위안을 찾고자
폐지처럼 버려지고 거들떠보지 않는
단어를 찾는 노역을 거르지 않습니다

그곳에도 잡초처럼 질긴 생의
숭고함은 있으니
남루한 글이 때론 누군가에게
누더기처럼 버려져 사라질지라도
그것들을 모아 다시 반짝이게 윤이 나도록
닦고 닦는 일을 멈추지 않습니다

길

한 맹인이 손에 꼭 쥔 지팡이를
진맥하듯 땅을 치며 걸어갑니다
차도와 인도를 오가는 걸음이
조마조마한 내 마음과 달리
망설임 없이 노련하기만 합니다
몇 번을 지나치듯 보면서
그 모습에 궁금증은 자꾸만 쌓여 갑니다
누구에게 먼저 말을 걸 수 없어
그 걸음이 때론 고독해 보입니다

어느 한 날
앞선 이의 옷깃을 잡고 뒤따르는
그의 미소 진 얼굴이 참 평온해 보입니다
눈으로 보며 걷는 나의 걸음은
누군가의 길을 안내하는 걸음이 될 수 있을까
잠시 생각이 많아집니다

성장통

밑천을 다 내보이듯
화끈해 옵니다
순간을 참지 못함에
돌이켜 부끄럽습니다
상처 주고 상처 받고
사람들 사이 더불어 사는 게
제일 힘든 일입니다

나이는 올무처럼
자존심의 고드름이
자꾸만 자라납니다
버리지 못한 찌꺼기는
언제쯤 다 비워 낼 수 있을까요

상처를 햇볕에 드러내는 일
아프지만 그래야 비로소
나을 수 있다는 걸
깨우치는 밤입니다

딸에게 전하는 말

꽃이 예쁜 건
꽃은 빨리 떨어지기 때문이고
청춘이 아름다운 건
젊음은 속히 지나가기 때문이야
영원하지 않기에 지금이 소중하단다

밤하늘의 달이 밝은 건
달을 비추는 태양이 있기 때문이고
네가 그리도 빛나고 예쁜 건 너를 사랑하는
누군가 너를 비추고 있기 때문이야
사람은 저 홀로 빛날 수가 없단다
그러니 감사하고 사랑할 줄 아는
소중한 내 딸로 살아 다오

낙화

내가 꽃피우던 시절
다른 꽃들의 피고 짐을 보지 못하였고
나의 꽃이 떨어진 뒤
제각각 피어난 꽃들의
아름다움에 비로소 눈을 뜬다

나의 자존심이 높던 시절
그대의 희생을 보지 못했고
나의 자존심이 깎인 뒤
그대의 사랑을 보게 된다

동백꽃 봉오리 하나 툭 목을 꺾고
내던지듯 땅바닥을 구를 때
선혈처럼 붉은 꽃의 죽음을 목도한다
딱딱하게 매달린 내 자존심
꽃송이 따라 툭 하고 떨어지길

시련에 다시 피울 꽃으로

커다란 울음 같은 물살이 쓸고 간
지천은 심한 몸살을 앓고 난 후
허리가 꺾인 갈대들이 겸손하게 누워 있다
들키지 않고 싶었을 자존심 같은
맨 속살을 내보여도
뿌리를 딱 붙이고 간절하게 살았다

어느새 태연하게 갠 하늘
시침을 떼듯 해맑게도 뭉게구름을 피웠다
구름 사이 선명한 파란 하늘이 참 미웠으리라

같은 시간 안에 다른 삶으로
시시각각 마주하는 삶이란 커다란 숙제 같은
알 수 없는 끝
그러기에 또 견디며 살아야겠지
나도 그리고 당신도
지금은 초췌하게 지친 저 갈대처럼 말이지

삶

그저 아무렇지 않은
평범한 날들의 연속 위에
가끔 많이는 힘들고
아주 가끔씩은 외롭고
또 아주 이따금씩은 행복한 순간
그저 아무렇지 않은 많은 날들 위에
나풀대듯 이따금 찾아드는
행복한 시간의 여백을
조금 더 늘려 보고 싶은 것

버려야 할 것들

유행이 지나 버린 옷
크기가 맞지 않는 옷
이제 나이에 맞지 않아서
버리긴 아까운 옷이라서
많은 이유를 달고 옷장 안에서
먼지를 빻고 곰팡이를 피우고 있다

휴대폰이 고장 나고 저장된
연락처가 말끔히 사라진 날
정리 못 했던 낡은 인연까지
저절로 정리가 되었다
묵은 먼지 쌓인 실타래 같던 인연들
도둑 가시처럼 내 삶에 엉켜 있음을 알지 못했다

부끄러워 말라

바랜 작업복으로
땀 흘려 일한 오늘을
부끄러워 말라

그저 눈치 보며
편히 하루를 갉아먹고
안위하는 그 사람들이
바로 부끄러워할 일이다

상실

새끼손가락 손톱만큼 작은 일부
하나 사라졌을 뿐
몸이 중한 병에 걸린 것이 아니건만
부러져 앞니 하나 사라진 기억이
소스라치듯 아픈 상처가 되었다

어쭙잖은 얼골 하나로
명줄을 살아온 것도 아닌데
세상 다 잃은 낯빛을 하고선 서러워 울었다
자존심은 퇴화된 개구리 꼬리 같은
기억처럼 녹아내려
말갛게 한번 크게 웃지 못했다

잠시 빌려 온 시간이 내게 말을 걸면

깊게 잠든 드라큘라처럼
언제 깨어날지 모를
빛바랜 앨범에 묵은 먼지를
털어 내듯 펼쳐 본다

한 장 한 장 넘겨질 때
찰나의 시간을 억지스럽게 붙잡고만
싶었을 그때의 나와
잠시 인연의 거미줄로 얽혀
떠나간 잊힌 사람들과
아직 인연 위의 사람들 속에 살고 있다

잠시 삐걱거림도 없이
흘러가는 시간 속에서
별처럼 선명히 각인된 그때 잠시 빌려 온 순간들
결코 지울 수 없는 또렷한 길로 새겨져 있다
나는 지금은 또 알 수 없는 그 길에서 여전히 서 있다

3부
그리운 기억의 시간

사랑한다면

까만 어둠이 내리기 전
붉은 태양을 삼켜 버린 바다는
붉은빛으로 물들었습니다
시리도록 파란 바다는
뜨겁던 태양을 품고 견뎌 내느라
온통 붉은 멍으로 번져 갔습니다

누군가를 사랑한다면
붉은 심장을 죄는 듯한 아픔과
토해 내지 못한 얹힌 슬픔에도
제 가슴에 붉은 멍 자국으로
붉게 물드는 것입니다

그대가 정말 사랑한다면

도라지꽃

고운 한복 입은 여인들
어우러져 나풀나풀
보고픈 엄마 모습 아롱입니다

새하얀 저고리
보랏빛 치마 나풀거리는
엄마 그리는 도라지꽃

꽃대마다 봉긋하게 차오른 그리움
더는 기다릴 수 없어
팡팡 터트려 멍 지게 보고 싶은
엄마 불러 봅니다

당신의 뒷모습

북풍 불던 겨울을 나고
중력을 거스를 수 없어
땅을 향해 더 굽어진
당신의 뒷모습

평생 나를 키워 준
마른 장작 같은 거친 손마디
여린 손톱이 자랄 시간도 없이
흙 속을 보듬던 손
봄꽃같이 고왔던 당신
쪼그라져 시든 모습

호~ 부는 입김에 감은 눈을 악지스럽게
끔벅이며 살아난 불씨 같아
붉은 심장이 뻐근해 옵니다

고장 난 기억

당신의 기억은
고장 난 시계처럼 작동을 멈춰
곳곳이 지워지고 조각난 기억은
이제 영영 맞출 수 없는 퍼즐이 되었습니다

다 타 버린 재처럼
한번 휘발되듯 사라진 기억은
끝내 찾을 수 없는 미로가 되었습니다
당신의 조각난 기억은
먼 길 가신 지아비 기억조차 잊고
사립문 앞에 꽃 잎새
모두 떨군 까만 고목이 되었습니다

엄마에게

잘 익은 가을 햇살 아래
여물어 가는 것은
누렇게 고개 숙여 익어 가는
벼들만은 아닌 듯합니다

누구도 돌보지 않은 논두렁 옆
강아지풀 씨앗도 알알이 여물고
갈색 머리칼 내민 갈대도
공평하게 내려 주는 가을 햇살 아래
익어 가고 있습니다

고운 빛깔 가을 햇살은
왜 그런지 그리운 당신 얼굴빛 닮아 시립니다

이제는 고아 되어
남겨진 삶을 살아가야 할 내게
반복되어 맞이하는 가을을
몇 번 더 아린 맘을 달래 가며 살아 낼까요
엄마- 하고 부르면 그저 좋은 당신을 보고 싶은 날입니다

연필과 지우개

하나는 남기려 닳아지고
하나는 지우려 닳아진다
눈 쌓여 사라진 길을 내듯
잘못된 길을 지우느라
연필보다 지우개가
더 닳아 없어졌다

엄마는 그런 존재이다

아들의 잘못된 길을
지우느라 자신이 닳는 줄도
모르고 사셨다
난 지워지는 삶이 더는 싫어
지울 수 없게 볼펜으로 살아간다

그런데 해가 갈수록
더는 말끔히 지울 수 없는
지우개가 없는 것이 자꾸 아프다

가족사진

멋쩍은 웃음과
조금 서툰 몸짓으로
다 그려 낼 수 없는 그 마음이
후회가 되지 않았으면 해요

사랑한다 말로 전하지 못한 진심
먼 훗날 녹슨 못처럼
후회로 남지 않았으면 해요

인연으로 만나 가족으로 맺어
함께 웃고 울던 시절
풀잎 새 새벽이슬처럼 짧아
자꾸 뒤돌아봅니다

시간을 잠시 붙잡고 싶은 손을 빌려
그 모습을 사진으로 새깁니다
부디 지금처럼 곁에 있어 주세요

인연(因緣)

한번 맺은 연은 놓을 수가 없는
숙명이다 생각했지요
굽이굽이 돌아 먼 그 길 끝
그대가 있어 나를 불렀는지요
당신을 만나는 길 너무도 멀고
그해 겨울은 참으로 추웠답니다

아홉을 낳아 셋을 잃고
여섯을 키워 냈답니다
자식들 배곯게 하지 않으려
동냥하듯 살았던 모진 세월
돌아보니 어찌 그 시절을 살았을까요

한번 맺은 인연 죽어 분토되어
함께라서 행복합니다
부끄러워
아끼고 전하지 못한 그 말
사랑했습니다
더 많이 아껴 주지 못해
미안했습니다

기억 시간에 갇혀

너무 깊은 아픔은
머리가 아닌 심장으로 기억된다
고장 난 자동문처럼 열린 기억
같은 공간 다른 시간들로 덧칠하며 살아도
그곳에 가면 잠든 꿈에서 깨어나듯
단절되었던 기억을
심장이 기억하고 아파한다

같은 공간 또 다른 시간 속에
갇혀 있던 기억이 다시 살아나는 건
흐릿해져 가는 기억 대신
심장에 인 박이듯 새겨진 흔적 때문이겠지

이별

흘러가는 세월 따라 살아야죠
억지로 잡아맨들 얼음 녹듯 땅속에 스며든 물을
돌이킬 수 없으니 말이에요

습관처럼 길들여진 중독을 끊어 내고
계속된 익숙함을 벗어나기 위한
몸부림은 흉터로 남았습니다
놓아 버리면 잊을까 사라질까 두려워
두 갈래 길을 떠나지 못해
제자리를 맴돌았는지 모릅니다

헤어짐도 만남도 그것 모두 인연입니다
억지로 잡아 둘 수 없는 저 세월처럼 말이에요

아버지 등 그 따스함의 기억

아버지 그 넓은 등에 업혀
작은 내(川)를 건널 때
차가운 물살은 더 이상
내게 두려운 존재가 아니었죠
아버지 등의 따스한 체온을
내 심장은 가장 가까이 느낄 수 있었죠

아버지가
마른 삭정이가 되어
왜소해진 몸으로 어둡고 차가운 땅에 누울 때
저는 아버지를 위해 한 번도
제 넓은 등을 내어 드리지 못했어요
제 등을 당신의 따스한 심장으로
데우지 못한 일 후회가 되어 못내 까슬댑니다
아버지 등 그 따스함을 기억하는 심장에
붉은 시 한 줄 되어 흐릅니다

호국원에서

당신들의 따스한 체온은
이제 유골로 남아 더 이상
느낄 수가 없지만

유골함에 담긴 당신들의 사진은
여전히 온화한 모습
그대로 각인되어 저를 반겨 주시네요

당신들이 안식하고 있는 이곳은
가을 국화꽃이 흐드러지며
붉은 단풍이 물들기 시작합니다

국화꽃 향기보다 더 짙고
붉은 단풍보다 붉었던
당신들 삶의 향기는
여전히 제 심장을 뜨겁게
데우며 살아가게 합니다
가을이면 더욱 그리워지는 날들입니다

푸른 바다

바다로 쏟아지며
내리던 비는
소멸되듯 사라져
바다와 하나 되고

굽이돌아 다다른 강물은
깊은 바다에 빠져
다시 되돌아올 수 없는
바다가 되었다

바다를 그리워하다
바다가 된 사람들
검푸른 심연 밑 휘돌다
고요히 잠들어 쉼을 얻고
어미 품 같은 바다가
푸른 멍이 가시지 않는 이유

하늘은 바다에 비친 모습 보며
어느새 파랗게 물들었다

나에게 그대는

그대는
곁에 있음에도 보고픈 적이 있나요?
그대는
함께 있음에도 그리워 본 적이 있나요?
그대는
잠시 눈을 깜빡이는 찰나의 순간이
안타까워 본 적이 있나요?
내가 당신이 될 수 없다는
그 이유가 아픔으로 다가온 적이 있나요?

나는
당신이 곁에 있음에도 보고 싶습니다
나는
당신이 함께 있음에도 그립습니다
나는 두 눈이 감길 때면 안타까워 슬픕니다
나는
당신과 하나가 아니기에 심장이 아픕니다

알 수 없는 미래에
당신과 똑같지 않은 시간의 흐름에
헤어짐이 벌써 두려워집니다

사월에 진 그대라는 꽃들에게
— 세월호 10주기 즈음 —

올해도 어김없이
봄이 찾아와
봄꽃들은 저마다 뽐을 내고 있습니다

이제는 볼 수 없는 그대가
내 곁에 없다는 것으로
봄 햇살의 따스함과
봄바람의 부드러움도
봄꽃의 향기에도
미소 짓지 못합니다

야속하게도 시간은 자꾸만
그대를 잊으라 합니다
무정하게도 세월은 자꾸만
그대를 지우라 합니다

또렷했던 그대 모습
자꾸만 흐릿하게 번져 가는 것이
아쉬워 떨어진 봄꽃들로 그대 얼굴 새겨 넣습니다

갈 수 있다면

나 갈 수 없는 그곳
붉은 멍처럼 번진 하늘로
두 날개 저으며 줄지어 날아가는 철새는
어디를 그리며 가는가

고향 떠나와 뒤돌다 멈춰 굳은 내 날개는
텃새 되어 더 높게 날아가지 못해
그저 빙글빙글 주위만 맴돌고

지나온 뒤안길처럼
가고파도 가지 못하는 그곳
보고파도 보지 못하는 얼굴들
당신들 계시지 않아 내겐 고향이 아니랍니다

실뿌리 내려 나무처럼 바위처럼
머물 그곳이 그리운 날입니다

지나 보면

그때는 보이지 않던 일도
지나 보면 알게 되는 게 있듯
그때는 이해되지 않던 일이
지나 보면 고마운 일이 있고
그때는 원망스럽던 일도
지나 보면 다행스러운 일이 있다

그때는 미워하며 떠나보내도
지나 보면 미안하고 사랑한 사람
그때는 당연하며 부족하여도
지나 보면 고맙고 과분한 사람
그때는 힘들고 불편하여도
지나 보면 그립고 소중한 사람

지금은 알 수 없는 일들 지나 보면
나무처럼 나를 키우는 것들

연의 서(戀의 書)

기약도 없이 떠도는 바람처럼
다녀오마 약조도 없이 그대는 떠났구려
그대가 머문 자리 손을 펼쳐 만져 보니
미열같이 전해지던 온기 더는 내 손끝에 전해 오지 않으니
비로소 그대 떠나간 빈자리가 빈 들 같아
황망하고 몹시도 서럽구려
무심코 돌아보면 여전히 그 자리 있을 듯하여 불러 보아도
더 이상 그대 없음이 부정할 수 없는 현실이 되었구려

보고 싶다 어찌 그 한마디뿐이겠소
북망산천 떠도는 그대를 그리는 내 맘이
목구멍으로 차오른 울대 같은 그리움에
마음의 병은 깊어지고
그대를 따라 떠나지 못한 내 두 발이
참으로 원망스러워 잠을 자는 듯 마는 듯
밥을 먹는 듯 마는 듯 그리 빈껍데기 같은
오늘을 견뎌 내야 하는 시간이 버겁소

영영 먼 길 떠나시어 다시는 돌아올 수 없다면
꿈엔들 한 번이라도 그대 볼 수 있게 내게 찾아와 주오

내 비록 더는 바라지 않으리니 단 한 번만이라도
그 얼굴 만질 수 없다 한들 마주하여 보고 싶소
몹쓸 이 병은 깊어 나을 수도 없으니 내 언제쯤
봄꽃같이 활짝 웃어 볼 날이 있으리오

어느새 가을은 깊고 차디찬 서릿발 내리는데
시린 그대는 언제쯤에나 볼 수 있을지요
단풍 물들기 전 떨어진 낙엽처럼 메말라 버린 마음은
달랠 수 없어 더딘 세월이 야속하여 한탄만 늘어 갑니다

텅 빈 흔적

세상은 아무 일 없듯
어제와 똑같은 하늘인데
나는 어제와 다른 하늘 아래
낯선 하루를 산다

너의 흔적은 여전히 곳곳에 남아
너의 냄새는 아직 지워지지 않는데
난 네가 없이 낯선 또 하루를 산다

토악질하듯 쏟아지는 슬픔
얼마나 많은 날을 헤아리면
네가 있는 그곳으로 갈 수 있을까
터질 듯 그렁그렁 다시 차오른 눈물
네가 있던 흔적은 너무나 선명한데
네가 없이 또 하루를 산다

4부

잠시 멈춤의 시간

풀리지 않는 의문

적막한 어둠
빛이 없어도 펜이 없어도
검지손가락 입을 열고
톡톡 말을 쏟아 놓으면
저기 먼 저편
사람들에게 메아리가 되어
말이 전해진다네

우편을 붙일 필요 없고
주소를 쓸 필요도 없어
답 글을 받느라 손꼽아 우체부를
기다릴 필요 없어

그런데도 마음 한편 숙제처럼
해결되지 않는 궁금증을
안고 살아가는 이유는 뭘까
난 풀리지 않는 의문을 가끔 내게 묻곤 한다

구름 울다

물에 젖은 무거워진 몸을 비우듯
밤새 처마 끝에 앉아
울음으로 울던 먹구름은
내리는 비에 기대어 산골짜기에
잠시 내려앉았다

어둡고도 무겁던 얼굴
한바탕 비를 쏟아붓고서야
새하얀 연기 피우며 사뿐하게
나풀거리는 중이다

인생살이 때론 근심으로
먹구름처럼 무겁던 내 맘도
한시름 쏟아 비우면 뽀얀 구름
되어 다시 하늘 되겠지

구름은 어찌 알았을까?
비나 눈물이나 매한가지임을

사람 드는 일

바람에 날려 온 홀씨처럼
허락 없이 마음 한 곳
무심히 찾아든 사람
머물다 홀연히 떠난 자리
비워진 새 둥지 같은
오목한 흔적

빈 바람 일어 온기 사라지면
박박 긁어 우는 아픔
마음속 사람 드는 일
바람을 타고 날아든 홀씨 같아
싹을 틔우고 커 갈수록
뿌리는 깊고 머문 자리 짙어 가네

고목(古木)

발붙인 그 자리
겹겹이 껍질 에워싸고
살아온 천 년의 시간
살아 있는 듯 죽어 있고
죽은 듯 살아 있는 천 년의 세월

천 년을 보듬고 살아온 시간 속에
천 개의 꽃이 핀다
나이테처럼 주름진 세월을 품고서야
농 짙은 따뜻한 향기가 된다

고독

고독은
내 안에 살고 있는 그림자처럼
늘 내 곁에 머물러 있어
이렇게 혼자인 날에 꿈틀대며
또다시 날 찾아오네

채우고 돌아서면 다시
결핍으로 비워진 깊은 샘
언제부터였을까?

가끔은 방황했고
가끔은 노래했고
가끔은 기도했고
가끔은 시를 썼네

저 깊은 고독은
애써 외면하는
나의 등에 매달린 그림자 되어
또 이렇게 찾아왔네

그냥

너는 내가 왜 좋아?
그냥 좋아!
아니 그 대답 말고
내가 왜 좋은 거냐고?

그냥이란 말속을 뒤적이며
몇 가지 이유를 찾다가
포기하고 말았어

그냥이란 싱거운 그 말이
너 때문인 줄 알았으니까
그냥 네가 좋아

너와 나

닮은 듯 비슷한
하지만 결코 똑같지 않은
저 갈대 억새처럼

나와 너 서로가 닮지 않았다고
말을 내뱉어도
닮은 듯 비슷하다
저 갈대 억새처럼
너와 나 인연일 수밖에

닮아 가는 것

흰 종이에 쏟아진 커피
커피에 취한 듯 스며들면
빛깔도 내음도 커피를 닮아 물든다

좋아하면 닮아 가듯

내게 찾아온 너의 사랑으로
스미듯 물들면 함께한 세월
손금 같은 주름 골마저 닮아 있다

판도라 상자

궁금증의 목 밑까지
차올라도 절대 열어선
안 되는 것이 있지

아니 결코 마주할 용기가
아직 없는지도 몰라
가끔씩 유혹하듯 판도라의 상자를
열어젖히고 싶다가도
조금만 더 조금만 더
미룰 수밖에 없는 건

그건 호기심이 날 삼켜 버릴지 모르는
바로 두려움 때문인 거야
오늘도 판도라 상자 뚜껑을
열까 말까 망설이다 하루가 다행히 지났어

하이힐의 그녀

어서 오세요~
또각
또각
또각
굳게 닫힌 입술
날카로운 하이힐 소리

계산대 위에 툭 던져진
물건값을 지불할 때
짙은 화장품 내음 콧속을 지나
폐부를 찌른다

안녕히 가세요~
또각
또각
또각
멀어져 간 발걸음
꽃 향 같은 향기는 악취로 변했다

짝사랑

내 귀에 심장이 뛰고 있음을
듣게 해 준 너에게
고백하면 멀어질까 두려워
조심스레 아끼던
내 말의 고백은

네 마음에 이르지 못하고
바람에 날린 홑씨처럼
싹 틔우지 못한 채 멀어져만 갔어

나보다 조금 높이 서 있는 그대는

높은 산은 오르기 어려우며
높은 산엔 바람이 그치지 아니하니
높은 산에 오른 사람은 심히 적고
사사로운 몸짓 하나에
흔들어 넘어뜨리려 하는 자가
주위에 많아짐이라

남보다 높은 곳에 있을 때는
자신을 살피고 몸을 낮추어
때때로 부는 바람에 날리지 않도록
더욱 조심해야 하며
입은 바람처럼 가벼이 놀리지 아니하고
몸의 발걸음은 더욱 신중하되 느리지 말아야 함이라

나의 기도

주님
가시가 많은 나는
다른 사람을 향해 아픔과
상처를 줍니다

교만한 나는
주님께서 내 몸의 가시를
부러뜨릴 때면 부러진 고통에
아파하며 원망합니다

정직하지 못한 나는
주님께시 내 속의 양심을
회복시킬 때면
신음하며 불평합니다

부지런하지 못한 나는
주님께서 나를 일깨울 때면
괴로워하며 슬퍼합니다

미움보다 사랑함을

교만보다 겸손함을
불평보다 감사함을
게으름보다 부지런함으로

주님을 경외하며 순종의 삶을
주님을 신뢰하며 믿음의 삶을
주님을 의지하며 인내의 삶으로
내가 연단되어 가길 원합니다

그분의 임재

어느 곳에나 계시며
어느 때에도 계시는 그분
매 순간 단 한 번도 그분의 임재함을
쉬어 본 적이 없으시고
어느 한 곳도 그분의 눈길이
머물지 않은 곳이 없으며
한 순간도 자신의 일을 중단하지 않으시는 그분

나뭇잎 사이로 눈부시게
비치는 햇살 한 줌 속에도
산들거리며 얼굴을 훑고 가는
나풀대는 바람 속에도 계시는 그분

내가 약할 때 내 곁에 그분은 없다 말하고
내가 힘들 땐 아니 계시다 불평할지라도
지금도 나와 호흡하시길 원하시며
동행하길 원하시는 그분

그분이 나의 주님이시기에 감사드립니다
내가 느낄 수 없는 그분의 아주 작은 미세한 떨림조차
내게 진동으로 전달되어 오길
이 새벽 간절히 원하고 바라나이다

선악과

먹음직도 하고 보암직도 하여
지혜롭게 할 만큼 탐스러워
그만 유혹에 넘어간지라

주머니 안에 돈은
이것도 할 수 있고 저것도 할 수
있을 듯도 하여
아담의 본성이 자꾸만 꿈틀대듯 기어 나온다

구원의 감격
심장 안에 깊게 새겨도
나를 갈등하게 하는 선악과에
괴로운 건 나의 연약함이라

나무에 달린 선악과 대신
나무에 달려 나를 구원하신
그분을 닮기 원합니다

불청객

기다리마 약속 없이
찾아오마 기약 없이
잊힐 기억이 서러워
삼월의 반가운 꽃을 시샘하듯
꽃샘추위가 찾아온다

지난날 미숙한 삶의 조각들이
불쑥 찾아오면
말끔하게 지워 내지 못한 기억의 얼룩
성가신 가시처럼 찔러 댄다
초대받지 않은 불청객
만성으로 남은 후회와 미련들
부질없을 후회는 언제쯤이나
끊어 낼 수 있을까
다시 모태 안으로 숨어 들어가고
싶은 맘 더욱 간절해져 온다

그놈

매일 밤 새벽마다 찾아와
잠든 나를 흔들어 깨우는 그놈
한 번도 거르지 않고
같은 시간 똑같이 나의 단잠을 깨운다

앞으로 남은 많은 날도
여전히 날 괴롭게 하겠지
아침마다 괴괴하게
푸석한 얼굴을 마주 보게 하는 나쁜 놈
아… 오줌 마려 참말로 귀찮네

보물찾기

동토의 땅 빙하처럼
얼어붙은 냉동고 안에는
언제인지 기억마저 퇴색한
추억들이 잠들어 있다

유물 발견하듯
하나씩 풀어 헤치고 나면
지난 추석 명절에 처가에서
싸 주신 부침개
기억도 없는 손질된 꽃게들
몇 해 전 것인지 모를 떡국떡이
얼음 속에서 고이 봉인된 채 얼어 있다

바쁘다는 핑계 속에
잠든 기억들은
깜깜한 봉지 안에 싸여 냉동고 안에서
언제 발굴될지 모를 유물처럼 고이 잠들어 있다
오늘 저녁에는 어떤 행운과 같은
유물을 찾을 수 있을지
고립된 동토에서 손이 시리도록 바빠진 그녀

붕어빵

붉게 뛰는 심장은 없어도
추운 겨울 언 속을 녹여 주는
뜨거움을 품었지
고급스러움은 내게 없지만
가난한 주머니 배고픔을
달래 주는 넉넉함을 품었지
부드러운 속살 붕어는
들어 있지 않아도
포근한 추억이 깃들어 있지

겨울이면
더욱 뜨겁게 되살아나
머리 꼬리 먼저 먹는 방법은 달라도
달콤한 맛은 그지없지

겸손한 용기

그래도 괜찮아
포기하지 않은 나를 칭찬해
분명 출발이 같다 여겼는데

걸음이 느린 내게
'그냥 내 속도대로 천천히 가면 돼'라는
마음과는 다르게
앞선 사람들의 뒷모습이 점점 멀어져 보일 때
자꾸만 조급한 마음이 몰려와
조금 더 빨라지려는 내 걸음이 어쩐지 불안하게 느껴져

끝내 주저앉아 포기라는 말을
내뱉으며 자신을 책망하려 할 때
심호흡 크게 한 번 하고 천천히
내 안의 나를 일으켜 줘

만족스럽지 않은 결과에
남의 눈이 무서워 숨어 버리고 싶고
비웃을 것 같아 두려워 도망치고 싶지만
늦더라도 조금만 더 가 볼까?

다행히 포기하지 않은 나를 칭찬해
지금의 나의 성과는 비록 남루하고 볼품없지만
그걸 볼 때 비로소 내 목표가 더 선명해졌으니
포기하고 주저앉았다면 끝내 실패한 나를 더
외면하고 미워했겠지만
지금 여기까지 온 걸 다행이라 여기잖아

다음에 또 이런 마음이 들 때면
비록 부족한 오늘의 결과가 나의 걸음을 또 걷게 할 거야

삶의 감동

해가 갈수록
육신의 고단함은 더해지고
등에 진 삶의 누적된 무게로
어깨는 굽어지고
언제가 맞이해야 할 죽음의 공포와
날마다 해결해야 할 크고 작은 일들로
때론 버겁게 느껴진다 해도
한 번이기에 더 소중한 삶을 아끼고
살아갑시다

한 번도 거르지 않고 떠오르는 태양과
계절의 순리를 거스르지 않고
자신의 계절을 기억하여 때마다 피워 낸 꽃들
저들에게도 견뎌 내야 할 시련이 있었겠죠
그럼에도 삶의 책임을 끝내 포기하지 않는 것처럼

우리에게 삶의 감동은
순탄한 길을 걷는 것이 아닌 힘듦을 딛고 이겨 낸
바로 그때입니다